HAPPY ハロウィン

コスチューム・グッズ・壁面&飾り・シアター

チャイルド本社

HAPPY ハロウィン

コスチューム・グッズ・壁面＆飾り・シアター

もくじ

Part.1 わくわく 仮装コスチューム

ハロウィンモチーフの仮装コスチューム …… 6
ひらひらウィッチ／しましまジャック・オ・ランタン／
ふんわりおばけ／キラピカ黒ねこ

子どもが大好きテーマの仮装コスチューム …… 8
宇宙探検隊／キュートなアイドル／ふわひらプリンセス／正義のヒーロー

子どもと作る仮装コスチューム …… 10
パッチワークゴースト／ぺたぺたジャック・オ・ランタン／
カラフルほねほね／リボンフェアリー

かんたんアレンジ仮装コスチューム …… 12
ウイングこうもり／ふわふわおばけ／おしゃれかぼちゃ

ワンポイント仮装コスチューム …… 14
おすましキャット／ジャック・オ・ランタン仮面

Part.2 とっておき おやつグッズ

ハロウィンモチーフのお菓子入れ …… 16
こうもりバッグ／ジャック・オ・ランタンきんちゃく／
かぼちゃミニバスケット／キラキラボックス

子どもの作品で作るお菓子入れ …… 18
はじき絵トート／スイーツバスケット／空き箱ショルダー

とっておきテーブルコーディネート …… 20
テーブルマスコット／ランチョンマット＆カトラリーケース

ハロウィンおやつのおしゃれパッケージ …… 22
黒ねこトレー／キャンディーカップ／おばけちゃんの半透明ケース／
かぼちゃのクリアバッグ

おやつデコレーションかんたんアイデア …… 24

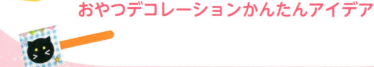

Part.3 うきうき 部屋飾り

ハロウィン壁面
- わいわいハロウィン！ …………………… 28
- ハロウィンパーティーに行こう ………… 30
- おばけのハロウィンナイト …………… 31
- 魔法のキラキラキャンディー ………… 32
- おばけパレードの窓飾り ……………… 32

おしゃれ＋キュートな部屋飾り

- おばけ＆こうもりのキャンディーボックス ……… 34
- 魔女とおばけのモビール ………………… 35
- ビッグかぼちゃの壁掛け飾り …………… 36
- ゆらゆらガーランド ……………………… 36
- 立体ジャック・オ・ランタンの入口飾り ………… 37

ハロウィン折り紙 …………………… 38
とんがり帽子／ジャック・オ・ランタン／ゴースト

Part.4 お楽しみ シアター＆遊び

- ペープサート　みんなでハロウィン ………………… 42
- みんなでわくわく！ ハロウィン遊び ………………… 48
  キャンディーどっちかな？／マジョリーナさんの違い探し

Part.5 型紙 …………………… 50

ハロウィンってなんの日？
〜由来のお話〜

　ハロウィンは、古代ヨーロッパでケルト人が、大晦日にあたる10月31日に行ったお祭りが起源という説が有力です。この日には先祖の霊が帰ってくると同時に、悪霊もやってくると恐れられていました。それらの悪霊を驚かし追い払うため、子どもたちがおばけ、魔女、こうもりなどに仮装したことが、ハロウィンの始まりといわれています。

　子どもたちが楽しみにしている「トリック オア トリート（お菓子をくれなきゃいたずらするぞ）」は、霊が立ち去ってくれるようお菓子を渡したことが由来といわれます。「ハッピーハロウィン！」と言って、かわいいおばけたちをもてなしましょう。またジャック・オ・ランタンは、死者や先祖の霊の道を照らす明かりに由来するという説があります。

　すっかりおなじみとなったハロウィン。みんなで楽しみたいですね。

※由来には諸説あります。

バツグンの写真映え！
ハロウィンモチーフの仮装コスチューム

ハロウィンに欠かせないモチーフをキュートな仮装コスチュームに。写真で映えるデザイン性もプラスしました。

ハートモチーフで思い切りキュートに
ひらひらウィッチ
案・製作●まーぶる

トリック オア トリート！

型紙 P50

ぷっくりフォルムでかぼちゃ感アップ
しましまジャック・オ・ランタン
案・製作●まーぶる

かわいくてうれしいな♥

ひらひらウィッチ

材料 色画用紙、パーティーモール、平ゴム、カラーポリ袋、キラキラしたテープ、キラキラした折り紙、折り紙、竹ひご、ビニールテープ

しましまジャック・オ・ランタン

材料 カラーポリ袋、カラークラフトテープ、色画用紙、平ゴム

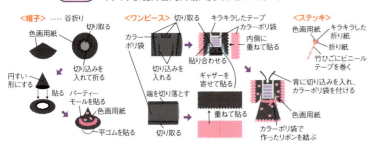

ふんわりおばけ

材料 カラーポリ袋、色画用紙

キラピカ黒ねこ

材料 カラーポリ袋、エアーパッキング、色画用紙、ビニールテープ、輪ゴム、キラキラした折り紙、キラキラしたテープ、平ゴム

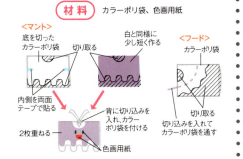

ギザギザマントでワイルドに
正義のヒーロー
案・製作●いわいざこ まゆ

丈違いのスカートを
重ねた簡単アレンジ
ふわひらプリンセス
案・製作●いわいざこ まゆ

大きなリボンで後ろ姿も
ゴージャスに。

カラー工作用紙の
ベルトでかっこよく。

宇宙探検隊
材料 カラーポリ袋、キラキラしたテープ、カラークラフトテープ

 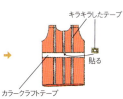

キュートなアイドル
材料 カラーポリ袋、エアーパッキング、平ゴム

<ベスト> 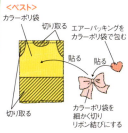   <スカート>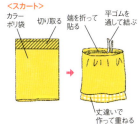

ふわひらプリンセス
材料 カラーポリ袋、平ゴム、カラー工作用紙、キラキラしたテープ、カチューシャ

<ドレス>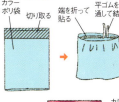

<ベルト> 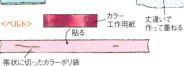   <ティアラ>

正義のヒーロー
材料 カラーポリ袋、平ゴム、キラキラしたテープ、シール、カラー工作用紙、カラー帽、クリアファイル

<マント>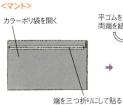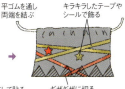

<ベルト> <帽子>

個性が光る！子どもと作る仮装コスチューム

仕上げに子どもの手を加えることで、より個性的な一着に。仮装の楽しみもグッと広がります。

不織布ポンチョにはぎれを貼って
パッチワークゴースト
案・製作●いわいざこ まゆ

顔や柄を貼るのが楽しい
ぺたぺたジャック・オ・ランタン
案・製作●やのちひろ

型紙 P50

パッチワークゴースト

材料 不織布、はぎれ、色画用紙、画用紙、輪ゴム

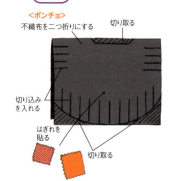

ぺたぺたジャック・オ・ランタン

材料 カラーポリ袋、カラークラフトテープ、カラー工作用紙、輪ゴム

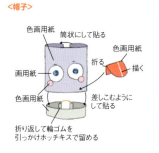

SPOOKY DRESS UP!

カラフルな骨が
ユーモラス！
カラフル
ほねほね
案・製作●いわいざこ まゆ

型紙 P51

レジ袋に好きなリボンを
付けたワンピース風
リボンフェアリー
案・製作●いわいざこ まゆ

カラフルほねほね

材料 カラーポリ袋、色画用紙、輪ゴム

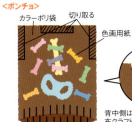

〈ポンチョ〉
カラーポリ袋／切り取る／色画用紙／背中側は切り込みを入れ布クラフトテープで補強／切り込みを入れる

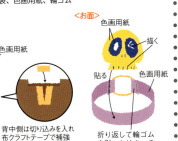

〈お面〉
色画用紙／描く／貼る／色画用紙／折り返して輪ゴムを引っかけホッチキスで留める

リボンフェアリー

材料 レジ袋、リボン、キラキラしたテープ、カラー工作用紙、輪ゴム、カラーポリ袋

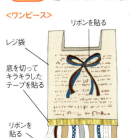

〈ワンピース〉
リボンを貼る／レジ袋／底を切ってキラキラしたテープを貼る／リボンを貼る

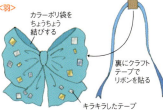

〈ヘアバンド〉
折り返して輪ゴムを引っかけホッチキスで留める／カラー工作用紙にキラキラしたテープを貼る

〈羽〉
カラーポリ袋をちょうちょ結びする／裏にクラフトテープでリボンを貼る／キラキラしたテープ

※羽は、ワンピースの肩部分に結び付けて使用します。

基本のボディが大変身
かんたんアレンジ
仮装コスチューム

カラーポリ袋で作る「基本のボディ」は、色と飾りで仕上がりがガラリと変わるすぐれもの。アレンジも自由自在です。

基本のボディ

- カラーポリ袋
- 後ろの切り込みで着脱しやすい
- 子どもが着ると半袖に
- 裾はタックを寄せてふっくらかわいく

- カラーポリ袋
- 切り取る
- 身長に合わせて切り取る
- 後ろ側に切り込みを入れる
- ところどころつまんでセロハンテープで留める

広がる羽がかっこいい！
ウイングこうもり
型紙 P51

案・製作●いわいざこ まゆ

- 色画用紙で紙帯と耳を作って貼り合わせる
- リボンを貼る
- カラーポリ袋をマントのように背中に貼る
- カラーポリ袋を切って貼る
- 端に輪ゴムを付けて手を通すと、バタバタと動かせて楽しい！

Have fun!

手軽にできて盛り上がる！
ワンポイント仮装コスチューム

ひとつアイテムを身につけるだけでも、仮装気分が盛り上がります。

新聞紙がかわいい帽子に
おすましキャット
案・製作●いわいざこ まゆ

型紙 P52

自分で顔を貼ったよ！

自由に切ったテープをペタペタ
ジャック・オ・ランタン仮面
案・製作●いわいざこ まゆ

型紙 P51

おすましキャット

材料 新聞紙、キラキラした折り紙

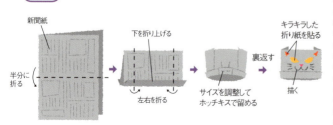

ジャック・オ・ランタン仮面

材料 色画用紙、キラキラしたテープ、輪ゴム

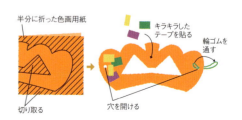

Part.2

とっておき
おやつグッズ

うれしさアップ！ ハロウィンモチーフの お菓子入れ

ハロウィンパーティーのメインイベントのひとつ、お菓子。かわいい入れ物で、ぐっと盛り上げましょう。

なにが入っているかな？

色画用紙で
こうもりバッグ
案・製作●すぎやままさこ

型紙 P52

材料 色画用紙、キラキラした折り紙、モール、ポリ袋

不織布で
ジャック・オ・ランタン きんちゃく
案・製作●ピンクパールプランニング

型紙 P52

材料 不織布、輪ゴム、リボン

牛乳パックで
かぼちゃ ミニバスケット
案・製作●むらかみひとみ

型紙 P52

材料 牛乳パック、色画用紙

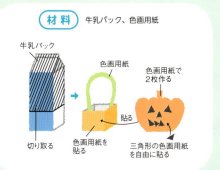

空き箱で
キラキラボックス
案・製作●ユカリンゴ

型紙 P52

材料 空き箱、キラキラした紙、キラキラしたテープ、色画用紙、画用紙、片段ボール

オリジナリティいっぱい！
子どもの作品で作る お菓子入れ

はじき絵で
個性を演出

紙袋を活用して
はじき絵トート
案・製作●もりあみこ

型紙 P53

好きなお菓子をペタペタ！
スイーツバスケット
案・製作●いわいざこ まゆ

型紙 P53

たくさん
入れよう！

ふわふわのおばけがポイント
空き箱ショルダー
案・製作●もりあみこ

型紙 P53

はじき絵トート

材料 画用紙、色画用紙、キラキラしたテープ、柄入り折り紙、紙袋、リボン

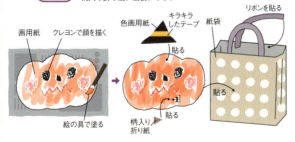

スイーツバスケット

材料 紙袋、カラークラフトテープ、色画用紙、丸シール

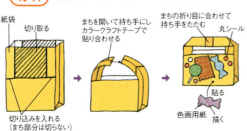

空き箱ショルダー

材料 空き箱、包装紙、画用紙、綿、丸シール、色画用紙、シール、毛糸

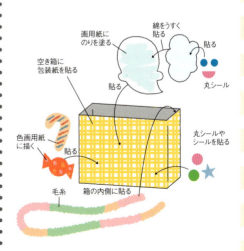

みんなで楽しめる とっておき テーブルコーディネート

おやつの時間も、ハロウィンモチーフ満載の空間をおしゃれに演出！

スペシャル感がうれしい！
ハロウィンおやつの おしゃれパッケージ

この日はおやつも、特別な入れ物で。
子どもたちの気分も盛り上がります。

紙皿をちょこっとデコ
黒ねこトレー
案・製作●もりあみこ

型紙 P54

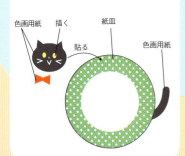

紙コップを使って
キャンディーカップ
案・製作●もりあみこ

トレーシングペーパーで
おばけちゃんの半透明ケース
案・製作●もりあみこ

材料 トレーシングペーパー、丸シール、キラキラしたシール、ビニールタイ

OPP袋の透明感をいかして
かぼちゃのクリアバッグ
案・製作●もりあみこ

型紙 P54

材料 OPP袋、色画用紙、タックシール、リボン

ひと工夫でハロウィン仕様に！

おやつデコレーション かんたんアイデア

いつものおやつも、ハロウィン風にアレンジすれば子どもたちも大喜び！かんたんにできるアイデアを紹介します。

Yummy!

Idea 1　ハロウィンモチーフをオン

かぼちゃ、おばけ、こうもりなどハロウィンならではのモチーフは載せるだけでスペシャルな一品に。

ハロウィンにぎやかピザ

型抜きしたギョーザの皮を焼き、いつものピザにトッピングしたらできあがり！

オレンジ×パープルで ハロウィンカラーに

オレンジ色と紫色の食材を合わせると、ハロウィンの特別メニューに！ 身近な食材で、いろいろな組み合わせを楽しんで。

ハロウィン フルーツポンチ
ぶどうジュースで作った寒天とフルーツをオレンジジュースに浮かべました。

見立てで勝負！

帽子形にしておばけちゃん、三角形にして魔女の帽子など、形をうまく見立てて。

ジャム入り おばけパイ
ギョーザの皮にジャムを載せ、ひだを寄せながら包むとおばけ形に。チョコペンで顔を描いて仕上げます。

Idea 4 なんでも ジャック・オ・ランタン化

オレンジ色に黒い顔パーツを付けて。定番だけど効果絶大なテクニックです。

ジャック・オ・ランタンライスボール
チキンライスのおにぎりに、のりを切った顔のパーツを貼って。

Idea 5 抜き型を使って

一度にたくさん作る時は、抜き型が便利。「みんなおんなじ」が手軽にできます。

ハロウィンシルエットパン
カットした食パンを型抜きし、ブルーベリージャムを塗ったもう1枚に重ねてシルエット風に。

Idea 6 ペーストを活用

かぼちゃやごまのペースト、イチゴやベリーのジャムなど、カラフルなペースト状食材なら、お絵描き感覚でデコレーションできます。

にっこりペーストフレンズ
丸いビスケットは、かぼちゃペースト+ココアクリームを塗って。四角いクラッカーはジャムを塗り、割ったもう1枚を載せました。

うきうき部屋飾り

楽しく飾ってウキウキ！
ハロウィン壁面

ちぎり貼りかぼちゃで
わいわいハロウィン！
案・製作●イシグロフミカ

型紙 P55

材料　色画用紙、画用紙、折り紙、柄入り折り紙、金色の折り紙、発泡スチロール板（台紙用）

子どもの作品

色画用紙

折り紙や柄入り折り紙をちぎって貼る

金色の折り紙

29

ほうきに乗って出発！
ハロウィンパーティーに行こう
案・製作●さとうゆか

材料 色画用紙、画用紙、厚紙、綿、布、発泡スチロール板（台紙用）

型紙 P56

かぼちゃは厚紙に綿を載せ、布で包んで表現。ふっくらとした質感に。

おばけがお城に大集合
おばけのハロウィンナイト
案・製作●むらかみひとみ

材料 色画用紙、画用紙、新聞紙、厚紙、つまようじ、牛乳パック（お城の土台用）

型紙 P56

子どもの作品
画用紙に顔を描く
色画用紙

アルミホイルをカラフルにデコ
魔法のキラキラキャンディー

案・製作●イシグロフミカ

材料 段ボール板、アルミホイル、シール折り紙、ビニールテープ、ストロー、色画用紙、キラキラした折り紙、発泡スチロール板（台紙用）

型紙 P57

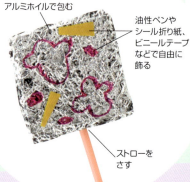

子どもの作品

- 段ボール板をアルミホイルで包む
- 油性ペンやシール折り紙、ビニールテープなどで自由に飾る
- ストローをさす

ステンドカラーでおばけの透け感を演出
おばけパレードの窓飾り

案・製作●まーぶる

材料 色画用紙、ステンドカラー、キラキラしたテープ

型紙 P58

Point おばけはステンドカラー、かぼちゃは色画用紙で。透け感でおばけのイメージが膨らみます。

trick or treat!

存在感バツグン！
おしゃれ＋キュートな部屋飾り

Point
丸めたティッシュペーパーをカラーセロハンで包むと、本物そっくりに。

牛乳パックの形をいかして
おばけ＆こうもりのキャンディーボックス
案・製作●すぎやままさこ

 型紙 P58

材料
牛乳パック、色画用紙、画用紙、キラキラしたモール、キラキラした折り紙、ティッシュペーパー、カラーセロハン

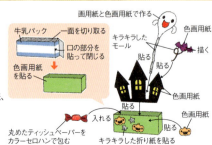

楽しいモチーフをちりばめて
ビッグかぼちゃの壁掛け飾り

案・製作●もりあみこ

型紙 P60

材料
カラー工作用紙、色画用紙、キラキラしたモール、リボン、柄入り折り紙、キラキラした折り紙、綿、布、糸、画用紙、厚紙、発泡スチロール板（台紙用）

ビッグかぼちゃの壁掛け飾り

※キャンディー以外のモチーフは、発泡スチロール板に貼って立体感を出す

飾る場所を選ばない
ゆらゆらガーランド

案・製作●もりあみこ

材料 色画用紙、キラキラしたモール、カラー工作用紙、柄入り折り紙、画用紙、キルト芯、毛糸

型紙 P59

手軽に楽しく折れる
ハロウィン折り紙

折り方の約束と記号

 谷に折る 山に折る 裏返す 折り筋

魔法が使えそう
とんがり帽子
案●青柳祥子　製作●まーぶる

ハロウィンの超定番！
ジャック・オ・ランタン
案●青柳祥子　製作●まーぶる

point

袋状になっているので、お菓子を入れてプレゼントにしても。

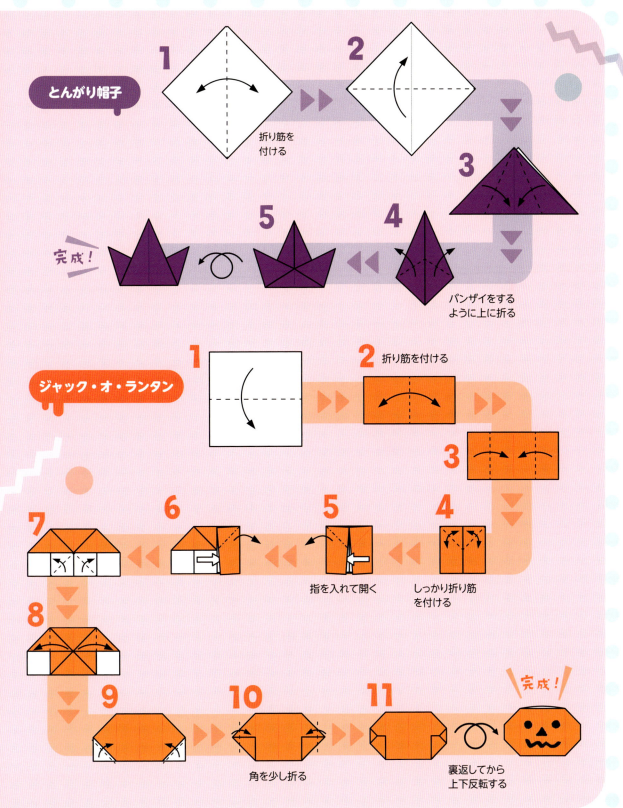

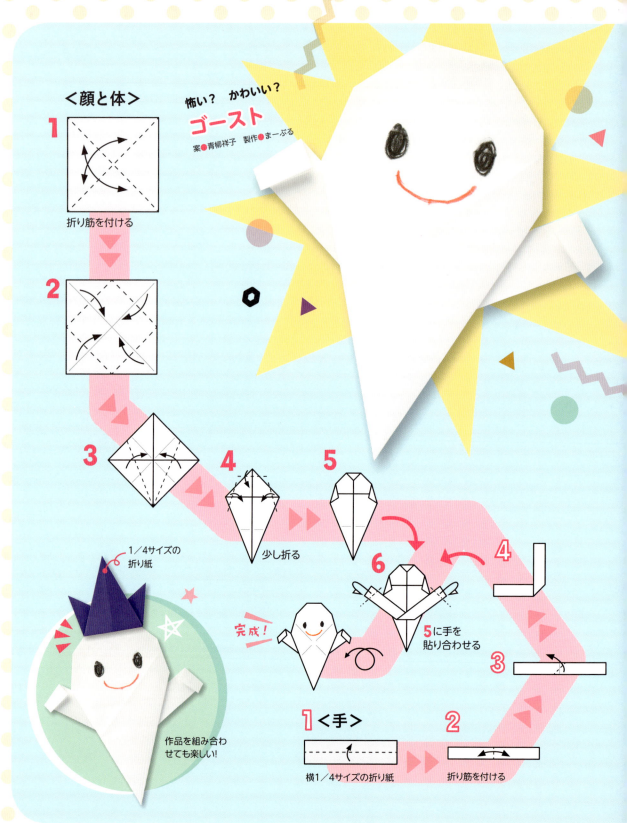

お楽しみ
シアター&遊び

行事の導入にぴったり！
ペープサート みんなでハロウィン

うさぎちゃんのハロウィンパーティー。最後にやって来たのは…？行事の導入に最適な、楽しいお話です。

案・指導・絵人形イラスト●あかまあきこ
モデル●大貫真代

型紙 P61

ハロウィンパーティーをするの

1

ドアとテーブル（表）を油粘土に立てて出し、ドアの後ろに、りす（表）、ライオン（表）、おばけ（表）の順に油粘土に立てて並べます。
油粘土を1個出し、うさぎ（表）を持ちます。

> **うさぎ** らららん♪ きょうはお友達を呼んでハロウィンパーティーをするの。
> みんな、ハロウィンの衣装を着てくるのよ。
> わたしも着替えなくちゃ。

2

じゃーん！

うさぎを裏返します。

> **うさぎ** じゃーん！ わたしは魔女よ。
> すてきでしょ？
> みんなはどんな衣装かしら？
> とっても楽しみだわ。

片手でドアをたたくしぐさをします。

> **保育者** コンコン！
> **うさぎ** あっ！ お友達が来た。どうぞ！

コンコン！

このシアターに使う物

うさぎ （表）（裏）　りす （表）（裏）　油粘土（6個）
ライオン （表）（裏）　おばけ （表）（裏）　ドアとテーブル （表）（裏）

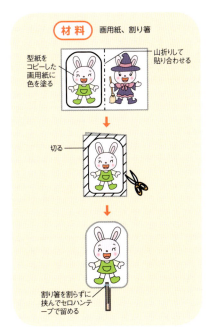

材料 画用紙、割り箸

型紙をコピーした画用紙に色を塗る
山折りして貼り合わせる
切る
割り箸を割らずに挟んでセロハンテープで留める

3

こんにちは！

わあ、かわいい。かぼちゃのランタンね。

りす（表）をドアから顔をのぞかせて、油粘土ごと出します。

りす ▶ こんにちは！
うさぎ ▶ いらっしゃい！ わあ、かわいい。かぼちゃのランタンね。大きなしっぽ！ 誰かしら？ みんなはわかるかな？

子どもたちの答えを受けます。

| うさぎ | さあ、みんなでいっしょに呼んでみよう。1、2の3！ りすちゃーん！ |

りすを裏返します。

りす	はーい！ 当たり！
うさぎ	りすちゃん、すてきな衣装ね。
りす	ありがとう。うれしいな。

ライオン（表）を持ち、〜と同様に動かします。

保育者	コンコン！
うさぎ	今度は誰かしら？ どうぞ！
ライオン	こんにちは！
うさぎ	わあ！ がいこつだ！このふさふさ髪としっぽは…？みんなはわかる？

子どもたちの答えを受けます。

| うさぎ | さあ、みんなでいっしょに呼んでみよう。1、2の3！ ライオンくーん！ |

ライオンを裏返します。

ライオン	はーい！ 当たり！
うさぎ	ライオンくん、すごい衣装ね。
ライオン	ありがとう。がんばって作ったんだよ。

6

おばけ(表)を持ち、②〜③と同様に動かします。

- **保育者** コンコン！
- **うさぎ** あら、誰かしら？ どうぞ！
- **おばけ** こんにちは…。
- **うさぎ** まあ、今度はおばけね。

7

おばけ(表)を中央に出し、うさぎ(裏)とライオン(裏)を片手で持ち、もう一方の手でりす(裏)を持って動かします。

- **りす** 本物みたいな衣装ね！
- **おばけ** えっ？ あの、ぼくは…。
- **うさぎ** 待って、待って。誰だか当てるから。
- **ライオン** 上手におばけになったねえ。
- **うさぎ** えーと、えーと…降参！ あなたはだあれ？
- **おばけ** あの〜、ごめんなさい！ ぼく、衣装を着てこなかったの。

| うさぎ りす ライオン | えっ!? それじゃあ、君は…本物の、お・ば・けーーーー!? |

うさぎ（裏）、りす（裏）、ライオン（裏）をおばけ（表）から離し、細かく揺らします。

| うさぎ りす ライオン | ひゃあ～!! ブルブルブル。 |

| おばけ | 驚かせてごめんね。とっても楽しそうだから、ぼくも仲間に入りたかったの。 |

うさぎ（裏）とりす（裏）、ライオン（裏）をゆっくりとおばけ（表）に近づけたら、りす（裏）を油粘土に立て、うさぎ（裏）とライオン（裏）を動かします。

| うさぎ | そうなの。じゃあ、いっしょにハロウィンパーティーをしましょうよ。 |

| おばけ | でも、ぼく…衣装を着てこなかったよ。 |

| うさぎ | いいこと思いついたわ。わたしのハンカチを衣装にしましょう。 |

| ライオン | ぼくは紙でいい物を作ってあげる。さあ、できたよ! |

うさぎ（裏）とライオン（裏）を油粘土に立て、おばけを裏返します。

おばけ	わあい！ありがとう！マントと冠で王様みたいだ！
りす	そうそう。おばけの王様ね。
おばけ	うれしいな！

うさぎ（裏）をせりふに合わせて動かし、おばけ（裏）を飛ぶように動かします。

| うさぎ | それじゃあ、みんなでハロウィンパーティーを始めましょう。 |

ドアとテーブルを裏返します。

| うさぎ | ジュースで乾杯ね。ハロウィン乾杯！ |
| りす ライオン おばけ | ハロウィン乾杯〜!! |

日常の遊びにもピッタリ
みんなでわくわく！
ハロウィン遊び

キャンディーどっちかな？

子どもが、保育者と当てっこ遊びをしながら進んでいくゲームです。

案●浅野ななみ

準備
保育者は、役に合わせてお面や帽子などで仮装をします。折り紙でティッシュペーパーを包んだ「キャンディー」と、ゴールで渡すプレゼントを用意しておきます。

1

ジャック・オ・ランタン役の保育者は、左右どちらかの手で手作りのキャンディーを握って、子どもに「どーっちだ？」と聞きます。子どもは当たったらキャンディーをもらいます。

POINT
低年齢児の場合は、両手にキャンディーを入れておき必ず当たるようにしてもよいでしょう。

2

こうもり、黒ねこ役の保育者とも同様に当てっこゲームをします。

3

最後に、ゴールで待つ魔法使い役の保育者から、本物のキャンディーなどプレゼントをもらいます。

マジョリーナさんの違い探し

保育者が身につけた小道具を取り替え、
子どもたちが変わったところを当てるゲームです。

案●浅野ななみ

準備
マジョリーナさんの小道具（マント、三角帽子、ジャック・オ・ランタン、ほうきなど）と、交換用の小道具を用意しておきます。

1

マジョリーナさん役の保育者は、帽子、マント、ジャック・オ・ランタン、ほうきなどの小道具を身につけて、子どもたちの前に登場します。しっかり姿を見せたら、一旦下がります。

POINT
司会役の保育者は「大きな帽子をかぶっているね」「ほうきを持っているね」など、特徴に触れましょう。

2

マジョリーナさんが、衣装や小道具をひとつチェンジして登場し、「さっきと違うところはどこでしょう？」と問いかけます。

3

答えがわかった子は、司会者に小声で伝えます。

4

正解したら、お菓子などをプレゼントします。チェンジする物を変えて何度も楽しめます。

Part.5 型紙

型紙 P00 マークが付いている製作物の型紙のコーナーです。必要な大きさにコピーしてご利用ください。

1．作りたい作品の大きさに合わせて拡大コピーをします。
作りたい大きさを決めたら、型紙ページのパーツの左右幅を測ります。

「作りたい大きさの左右幅」÷「型紙ページのパーツの左右幅」×100 ＝拡大率

【例】幅5cmの型紙を、幅20cmの大きさで作りたい場合
20（作りたい大きさの左右幅）÷5（型紙ページのパーツの左右幅）×100 ＝400
→ 400％で拡大コピーをします。

2．型紙を厚紙や色画用紙などに写して切ります。
必要な色ごとにパーツに分けて型紙を写します。ボールペンなどで強くなぞって跡を付けると、仕上がりがきれいです。貼り合わせる場合は、重ねたときに下になるパーツにのりしろを付け足すようにしましょう。

P6 しましま ジャック・オ・ランタン

かぼちゃ

P7 ふんわりおばけ

おばけの顔

P7 キラピカ黒ねこ

ねこの耳

ねこの顔

P10 ぺたぺた ジャック・オ・ランタン

顔

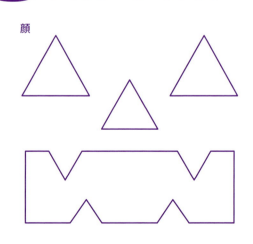

※帽子の目と鼻は、顔の目と鼻を拡大コピーしてください。
※ワンピースの模様は、目を拡大コピーして使います。

P11 カラフルほねほね

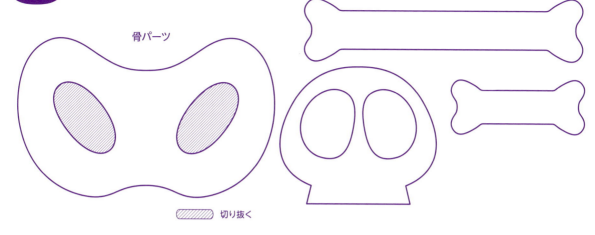

P12 ウイング こうもり

P13 おしゃれかぼちゃ

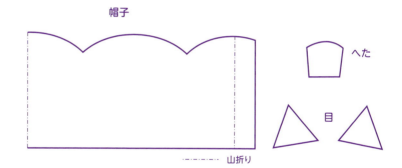

P13 ふわふわ おばけ

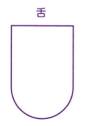

P14 ジャック・オ・ランタン仮面

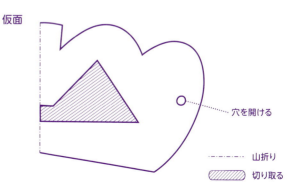

P14 おすましキャット

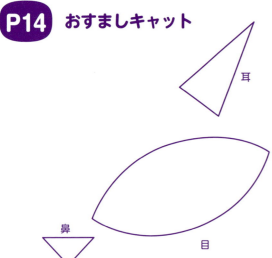

※目、耳は左右共通です。

P16 こうもりバッグ

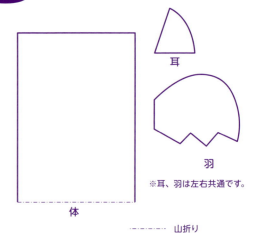

※耳、羽は左右共通です。
------- 山折り

P16 ジャック・オ・ランタン きんちゃく

※目は左右共通です。

P16 かぼちゃ ミニバスケット

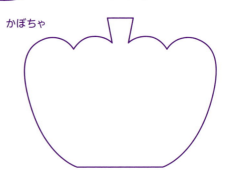

P16 キラキラボックス

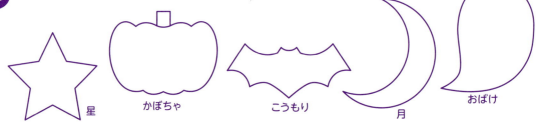

P18 はじき絵トート

P18 スイーツバスケット

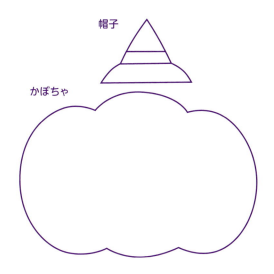

P19 空き箱ショルダー

P20 テーブルマスコット
ランチョンマット＆カトラリーケース

P22 黒ねこトレー　　　**P23** かぼちゃのクリアバッグ

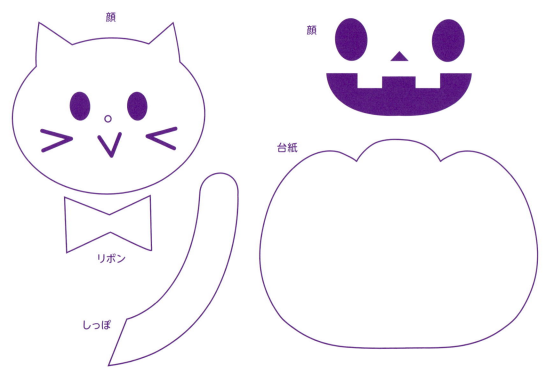

P30 ハロウィンパーティーに行こう

※月は、他のパーツの200%に拡大コピーしてください。

P31 おばけのハロウィンナイト

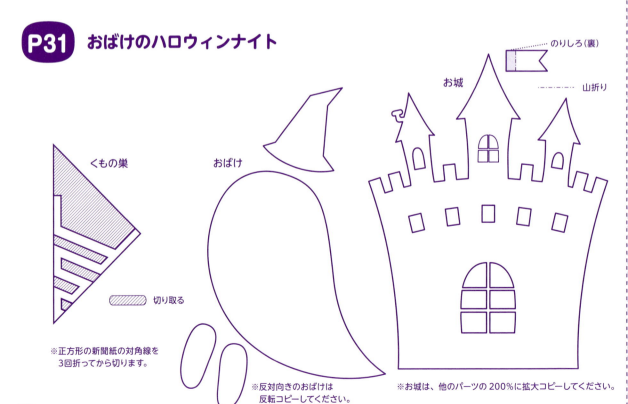

※正方形の新聞紙の対角線を3回折ってから切ります。

※反対向きのおばけは反転コピーしてください。

※お城は、他のパーツの200%に拡大コピーしてください。

P32 魔法のキラキラキャンディー

P32 おばけパレードの窓飾り

P34 おばけ&こうもりのキャンディーボックス

P36 ビッグかぼちゃの壁掛け飾り

※かぼちゃは、他のパーツの200％に拡大コピーしてください。

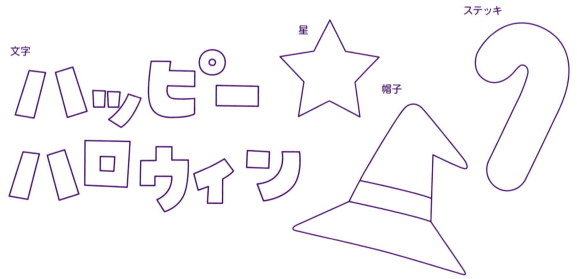

P37 立体ジャック・オ・ランタンの入口飾り

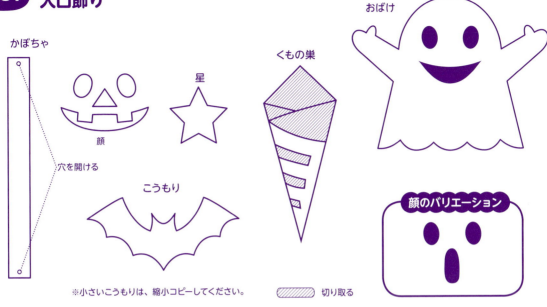

※小さいこうもりは、縮小コピーしてください。

P42 ペープサート みんなでハロウィン

りす　　　　　　　（表）　　　　貼り合わせる　　　　（裏）

・-・-・ 山折り

ライオン　　　　　（表）　　　　貼り合わせる　　　　（裏）

おばけ　　　　　　　（表）　貼り合わせる　（裏）

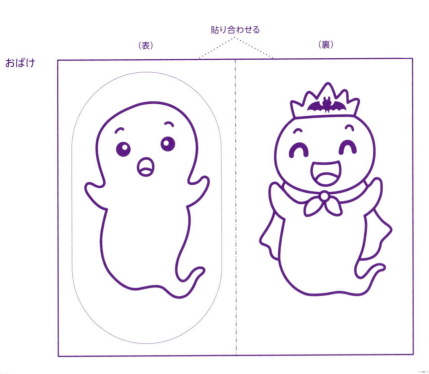

ドアとテーブル　　　　　　　　　　　　　　　　　　　　　　　　　山折り
　　　　　　　　　　　（表）　貼り合わせる　（裏）

案・製作・指導
青柳祥子、あかまあきこ、浅野ななみ、イシグロフミカ、いわいざこ まゆ、
おおしだいちこ、さとうゆか、すぎやままさこ、ピンクパールプランニング、
まーぶる、むらかみひとみ、もりあみこ、やのちひろ、山口みつ子、ユカリンゴ

カバー・本文デザイン／坂野由香、桑水流麗美
撮影／林 均、安田仁志
作り方イラスト／おおしだいちこ、河合美穂、内藤和美、みつき
型紙トレース／奏クリエイト、プレーンワークス
シアターモデル／大貫真代
キッズモデル協力／有限会社クレヨン
本文校正／有限会社くすのき舎
編集／井上淳子

コスチューム・グッズ・壁面&飾り・シアター

2018年8月　初版第1刷発行

編　者／ポット編集部
発行人／村野芳雄
編集人／西岡育子
発行所／株式会社チャイルド本社
　　　　〒112-8512　東京都文京区小石川5-24-21
電　話／03-3813-2141（営業）
　　　　03-3813-9445（編集）
振　替／00100-4-38410
印刷・製本／共同印刷株式会社

©Child Honsha Co., LTD. 2018　Printed in Japan
ISBN 978-4-8054-0274-0
NDC376　24×19cm　64P

チャイルド本社
ホームページアドレス
http://www.childbook.co.jp/
チャイルドブックや
保育図書の情報が盛りだくさん。
どうぞご利用ください。

■乱丁・落丁本はお取り替えいたします。　■本書の型紙以外のページを無断で複写複製することは、法律で認められた場合を除き、著作権者及び出版社の権利の侵害となりますので、その場合は予め小社宛て許諾を求めてください。

本書を使用して製作したもの、および型紙を含むページをコピーしたものを販売することは、著作権者および出版社の権利の侵害となりますので、固くお断りいたします。